ADRESSE

A

L'ASSEMBLÉE NATIONALE.

ADRESSE

DE LA
COMMUNE DE PARIS
A
L'ASSEMBLÉE NATIONALE.

A PARIS.

1790.

ADRESSE

DE LA

COMMUNE DE PARIS

A

L'ASSEMBLÉE NATIONALE.

MESSIEURS,

LA Commune de Paris vient porter dans le sein de l'Assemblée Nationale, son vœu pour *la permanence active* de ses Sections. C'est l'unique moyen, vu son immense population, de faire

A

jouit les Membres qui la compofent, de tous les droits du Citoyen. Ce vœu eft conforme à vos Décrets; il eft autorifé par l'exception que vous avez réfervée pour Paris, & ne s'écarte point des bafes & des principes du régime municipal.

Des réclamations cependant fe font élevées contre cette permanence active. On a voulu mettre en problême fes avantages. La Commune n'en eft pas étonnée. Et quelle eft l'inftitution, quelque fage, quelqu'utile qu'elle foit, qui ne trouve des contradictions? Mais d'où partent celles qui fe font entendre contre la permanence des Sections?

L'ariftocratie expirante, ne pardonnera jamais aux foixante Diftricts, les coups qui l'ont anéantie. Elle met tout fon art à les difcréditer. L'Egoïfme que déconcerte le nouveau régime ; la froide Indifférence qu'il importune ; toutes ces affections anti-patriotiques, qui redoutént la furveillance & la lumière ; ne voyent dans l'exiftence permanente des Sections, qu'une contrainte perpétuelle, dont ils veulent fe délivrer.

C'eft de là que font fortis ces reproches partout répétés, d'anarchie, de confufion ; ces frayeurs de voir dans Paris foixante Républiques indépendantes & tyranniques.

Ces imputations ont déjà perdu une partie de leur importance, puisqu'on en connoît la source & le principe. Mais la Commune de Paris ne craindra pas de les approfondir. Elle en fera voir l'illufion. Elle prend un autre engagement, c'eft de démontrer que la Permanence active des Sections, eft le régime, feul propre à l'immenfe population de Paris, le plus analogue aux principes d'une faine politique, le plus favorable pour la confervation de la liberté, pour le maintien & l'exécution de vos Décrets ; le plus convenable enfin pour ramener l'égalité, la fraternité parmi les Citoyens, pour rappeller l'antique probité, & pour donner l'effor à toutes les vertus civiles & morales.

La Commune de Paris établira d'abord la néceffité de la Permanence active des Sections.

Elle propofera enfuite l'objet & le mode de cette permanence (1).

Cette difcuffion eft grande. Elle eft digne d'occuper votre attention. Il s'agit du fort de la premiere Cité de l'Europe.

---

(1) La permanence active des Sections, que demande la Commune, eft plutôt facultative que réelle, comme on le verra dans la feconde partie.

DANS les Etats libres, les Cités doivent l'être, comme les hommes. La liberté confiste à faire tout ce que les loix ne défendent pas. Toute Cité a donc le droit de s'organifer comme il lui plaît, pourvu que cette organifation ne s'écarte pas de la loi conftitutionelle de l'Etat. Les Cités font dans l'Etat, ce que les familles font dans les Cités. Or chaque famille eft maîtreffe de régler fon économie intérieure comme bon lui femble, pourvu qu'elle ne trouble point la paix & la tranquillité générales.

La Commune de Paris a conquis fa liberté, elle doit cette conquête à fes 60 Sections. Depuis la révolution, elle ne fe gouverne, elle n'exifte que par elles. Elle veut les conferver: n'en a-t-elle pas le droit, puifque ce régime n'a rien de contraire aux loix conftitutionelles du Royaume?

Voilà, MM., ce que la Commune de Paris diroit à ceux, qui cherchant à tout confondre, voudroient méconnoître les droits imprefcriptibles des Cités libres. Et vous applaudiriez à ce langage, vous y reconnoîtriez vos principes, vous les peres & les auteurs de la liberté, vous, les légiflateurs d'un peuple libre.

Mais des confidérations plus puiffantes appuient la réclamation de la Commune de Paris. *Utilité*, *nécessité* dans la permanence active de ses Sections : voilà les vrais motifs de son adresse à l'Assemblée Nationale.

On veut l'arrêter dès le premier pas, en lui opposant l'article 24 de votre Décret sur les Municipalités du Royaume, qui prononce la cessation des Assemblées primaires immédiatement après les élections.

Si la Commune de Paris ne parloit que pour l'Assemblée nationale, elle s'épargneroit la peine de répondre. Qui mieux que le législateur doit connoître le sens & l'esprit de ses loix ? Mais la Commune de Paris a des ennemis à combattre ; elle veut, s'il est possible, les convaincre.

L'article 24 reconnoît lui-même & consacre de la maniere la plus positive, le droit, qu'a toute Commune, *de s'assembler, ou de rester assemblée,* quand elle le juge à propos ; puisque d'un côté, il laisse au Conseil général de la Commune, qui n'est qu'une partie de la Commune, le droit de la convoquer ; & que de l'autre, ce Conseil ne peut re- fuser cette convocation, toutes les fois qu'elle sera requise par le sixieme des citoyens actifs, dans les Communautés au-dessous de 4000 ames, & par 150 citoyens actifs dans toutes les autres Communautés. L'article 24 reconnoît donc le droit inhérent à toute Commune de s'assembler. Il n'a reglé que le mode qu'il a cru suffisant pour exercer ce droit dans les Municipalités de Province; & ce mode en effet est suffisant pour elles.

Dans les villes de Province, tout le monde peut se connoître. Le Corps Municipal & le Conseil général ne seront donc composés que de l'élite des Citoyens. La machine de l'Administration y est infiniment simple; les mouvemens en sont aisés à saisir & à suivre. Le plus leger abus peut donc s'appercevoir à l'instant même qu'il se forme. La facilité des rapprochemens & des communications le dénonce. Il circule avec rapidité. Et dans un même jour, vous aurez non-seulement cent cinquante, mais mille voix qui se feront entendre, & qui, par la demande d'une Assemblée générale, qu'on ne peut leur refuser, arrêteront, étoufferont le mal dans la naissance. Les Communes provinciales peuvent donc exercer une surveillance toujours active sur leurs intérêts les plus chers; elles peuvent y porter elles-mêmes la main, toutes les fois qu'il est nécessaire, ou qu'elles le jugent à propos. Les précautions prises par le Réglement municipal suffisent donc pour mettre tous leurs droits à l'abri.

Mais , dans Paris , elles font tout à la fois infuffifantes & impraticables.

Dans cette ville immenfe, les hommes vivent inconnus les uns aux autres; les talens & les qualités morales de chaque individu demeurent ignorés dans la foule. Comment & de qui feront compofés le Confeil général & le Corps Municipal? N'eft - il pas à craindre que ce ne foient l'intrigue & la cabale qui diftribuent les places ; ou que donnés au hafard, les fuffrages ne tombent fur des fujets d'une probité fufpecte ou d'une capacité douteufe ? & alors que deviendra la chofe publique ? que deviendra , fous ces mains perfides ou inhabiles, le vaiffeau municipal ? Comment à travers le nuage épais dont il fera enveloppé, en fuivre la marche , en infpecter la manœuvre ? Dans une ville, qui renferme tant d'individus, d'intérêts, de paffions différentes , dès que chacun ne fe mêle plus directement de la chofe publique, il s'occupe exclufivement de fes affaires & de fes plaifirs. On faura, par les fpectacles, les fêtes, & les autres reffources du defpotifme, détourner fon attention. Dailleurs point de communication entre les Citoyens , point de lieu de ralliement pour délibérer ; chacun eft étranger dans fa propre maifon.

Si quelque vice vient enfin à fe découvrir , les réclamations particulieres feront étouffées; le défaut de confiance d'un côté, la difficulté de vérifier de l'autre, l'infouciance du grand nombre, feront révoquer en doute, méprifer, fufpecter les avis les mieux fondés. Cependant le mal ira en croiffant, les abus fe multiplieront, & ce ne fera que quand il ne fera plus tems, qu'on connoîtra l'abyme. Ainfi Paris, cette premiere cité du Royaume, qui, à raifon de fon immenfe population & de tous les avantages dont elle eft la fource, mériteroit, s'il étoit poffible, un regime encore plus parfait, fe trouveroit plus mal adminiftré, que la derniere Municipalité du Royaume.

L'Affemblée Nationale a été fi convaincue, que le mode qu'elle prefcrivoit pour exercer le droit de s'affembler dans les Provinces, étoit infuffifant &. impraticable pour Paris ; qu'immédiatement après cet Article, elle fait une exception expreffe pour Paris, & annonce, Article 25, *qu'attendu fon immenfe population, Paris feroit gouverné par un Réglement particulier.* Or, quel peut être ce régime particulier? Il n'en eft pas d'autre que la permanence des Sections.

Admettez ce plan, & tous les inconvéniens difparoiffent. L'Adminiftration, qui, dans une enceinte trop vafte, ne peut, d'un centre unique atteindre à toutes les parties, trouvera dans les Sections des points d'appui, à l'aide desquels elle agira avec la même force, à toutes les distances. Les Officiers Municipaux, nommés avec un choix éclairé, seront encore surveillés avec une vigilance facile. Toutes les parties du Régime seront abordables & sensibles. Chaque Section formera un lieu d'observation, d'où le zele & le patriotisme proméneront sans cesse leurs regards sur la chose commune, où les plaintes sur l'Administration seront écoutées, les vues sur le bien public, accueillies, encouragées. Loin de porter le desséchement dans cette Capitale, ce seront soixante canaux qui répandront dans toutes ses parties, la vie, le mouvement, la force. Alors seulement Paris pourra, comme le reste de la France, jouir de la liberté, alors seulement il pourra user de la plénitude de ses droits.

On cherche cependant, Messieurs, à détourner le seul & véritable sens de l'exception portée dans l'article 25 ; on veut borner cette exception, au *nombre des Officiers* qui doivent composer le Corps Municipal de Paris.

Il est bien vrai que l'article 25 débute par des dispositions sur le nombre des Officiers Municipaux de chaque Ville, eu égard à sa population;

mais l'exception pour Paris, n'eſt pas ſeulement relative à cet objet, elle eſt générale, & frappe ſur l'univerſalité de ſon régime. Il eſt dit *que Paris ſera gouverné par un Réglement particulier.* Ces expreſſions embraſſent néceſſairement toutes les parties du régime municipal. S'il n'eût été queſtion que de multiplier les Officiers, c'eût été une affaire de calcul & de proportion, & non pas la matiere d'un réglement particulier pour gouverner Paris.

D'ailleurs, il eſt ajouté à la fin de l'article, que ce réglement ſera donné *ſur les mêmes baſes, & d'après les mêmes principes que le Réglement général de toutes les Municipalités du Royaume;* c'eſt bien annoncer que ce réglement particulier, comprendra toutes les parties conſtitutives de la Municipalité, & non pas ſimplement le nombre des Officiers Municipaux.

Mais voici l'objection ſur laquelle on inſiſte avec le plus de complaiſance. On la tire des dernieres expreſſions de l'article que nous venons de citer. Puiſque le *Réglement particulier,* nous dit-on, doit repoſer *ſur les mêmes baſes & ſur les mêmes principes que le Réglement général des autres Municipalités;* la non - permanence des Aſſemblées primaires, après les élections, étant déjà décrétée par le réglement général, il n'eſt pas poſſible de faire, de la permanence des Sections de Paris, le fondement du Réglement particulier.

Penſent-ils, les ennemis de la Commune, lui en impoſer avec leurs ſophiſmes? Ils ſe trompent, & il eſt aiſé de leur répondre.

On doit diſtinguer dans le réglement général ſur les Municipalités, ce qui eſt conſtitutionnel *abſolument*, d'avec ce qui ne l'eſt que *relativement*.

Ce qui eſt conſtitutionnel abſolument, eſt immuable, & doit faire loi univerſelle & néceſſaire pour toutes les Cités. Vous avez réſervé un réglement particulier pour Paris. Donc, tout ce qui eſt dans votre décret, n'eſt pas abſolument conſtitutionnel.

Parmi les points abſolument conſtitutionnels, ſont, par exemple, la voie élective pour nommer les Officiers Municipaux, les conditions qui conſtituent le Citoyen actif.

Ce qui n'eſt conſtitutionel que relativement, eſt tout ce qui eſt ſubordonné aux convenances, aux localités, à la population; & telle eſt inconteſtablement la maniere dont les Cités peuvent exercer le droit qu'elles ont, de s'assembler, ou de rester assemblées, pour délibérer sur ce qui les intéresse.

Or, Paris a déjà fait voir, que ce qui sur ce point convenoit parfaitement aux Provinces, ne pouvoit lui convenir, à raison de son immense population ; on ne doit donc pas lui appliquer, comme constitutionnel à son égard, ce qui ne l'est pas, & ce qui ne peut pas l'être.

Et d'ailleurs, n'est-il pas une maxime, la premiere & la plus sacrée de toutes ? c'est que les loix sont faites pour les peuples, & non pas les peuples faits pour les loix. Il faut que les loix elle-mêmes se prêtent aux convenances, quand il en doit résulter un meilleur ordre de choses : la loi suprême, c'est le bonheur du peuple ; *salus populi suprema lex esto.*

Après avoir ainsi écarté les difficultés qu'on vouloit tirer du Décret sur les Municipalités, entrons dans les raisons qui confirment de plus en plus la nécessité de la permanence active des Sections.

Que deviendroit Paris, si tous les pouvoirs étoient concentrés dans le Corps Municipal & dans le Conseil général ? Il seroit livré à l'arbitraire le plus absolu. Toutes les parties de son Administration font encore à créer : Subfiftances, Police, Domaine, Forces Militaires. Paris fe feroit donc flatté envain de concourir, fuivant le droit des Cités libres, à la formation du Régime qui doit le gouverner. Tout feroit réglé exclufivement par quelques individus. On difpoferoit de fa propriété commune, fans fon confentement ; de celle des Citoyens, fans leur participation. Le Pouvoir Légiflatif, celui d'exécution, l'Armée, les Finances, tout feroit fous la direction exclufive d'un petit nombre de Notables & d'Officiers Municipaux. Paris feroit fous l'ariftocratie la plus décidée ; & la liberté bornée aux élections, ne feroit plus que le droit de fe donner & de fe choifir des maîtres.

La précaution de ne nommer les Officiers Municipaux que pour deux ans ; pourroit peut-être empêcher le mal de s'étendre trop loin, mais il n'empêcheroit pas le mal lui-même. En changeant de la forte, on ne changeroit que de maîtres. La Commune de Paris ne fait-elle pas combien eft dangereux le feul contact des Places auxquelles l'autorité eft attachée. L'envie de dominer, d'étendre fes pouvoirs, gagne & agit avec une rapidité incalculable.

D'ailleurs, dans un intervalle de deux ans, que de fautes d'Adminiftration, que de déprédations, que de délits en tout genre peuvent s'accumuler (1)! Et quand ils feront commis, comment y remédier?

La confervation des Sections préviendra tous ces dangers ; ce fera le vrai contre-poids du Corps Municipal.

Vous avez juré, MM., de maintenir la Conftitution, fes ennemis l'ont juré comme vous ; leur ferment doit-il nous raffurer, & n'avons-nous plus d'infurrections à craindre? L'afpect des Diftricts leur en impofe. C'eft de ces temples fubitement élevés à la Patrie, que font forties comme par enchantement ces troupes guérieres, qui ont déconcerté tous leurs projets. Ce que les Sections ont fait, elles le feront encore. L'Affemblée Nationale, la Conftitution, la liberté, ne trouveront jamais de plus zélés défenfeurs.

Mais pendant que l'ardente jeuneffe couroit aux dangers, la vielleffe prudente veilloit dans le fanctuaire. Elle y conjuroit l'orage, & préparoit ces difpofitions fages qui, par un prodige non

―――――――――――――――――――――――

(1) L'Echevinage ne duroit que deux ans, & dans cet intervalle que d'abus!

moins étonnant, au milieu de la confusion la plus épouvantable , ont fait tout-à-coup renaître la paix & la tranquilité.

C'est ce concours des deux forces, civile & militaire, également réparties dans chaque District, qui a sauvé la Capitale. Cette heureuse combinaison s'est formée d'elle-même. Jusqu'à présent elle a maintenu l'ordre & l'harmonie. Ne la dérangeons pas. Si la force civile est retirée , l'équilibre est rompu. La force militaire n'est plus contrebalancée. Pesez , MM., dans votre sagesse tous les dangers de cette rupture d'équilibre.

Mais quoi ! tout l'édifice ne crouleroit-il pas à la fois ? Les soldats qui composent la Garde Parisienne, ne sont-ils pas citoyens? N'est-ce pas dans leurs Districts qu'ils ont appris à en connoître les droits & à les exercer ? Quand ils ne verront plus leurs freres s'assembler, délibérer avec eux sur la chose publique ; quand la Commune ne sera plus qu'un être de raison , & la Municipalité qu'une aristocratie , s'enrôleront-ils sous des drapeaux qui ne seront plus ceux du peuple & de la liberté ? Non, sans doute. Et cette armée nationale que vous avez vu avec tant de complaisance s'élever autour devous, cette Milice généreuse qui devoit être le rempart de la Constitution & de la Liberté s'évanouira comme ces météores qui se livrent des combats dans les airs , & disparoiſſent au même inſtant.

La Commune a déjà connu tout le prix des Aſſemblées de Diſtrict. Elle y a vu le mot de Patrie prendre une valeur , les intérêts particuliers ſe taire devant l'intérêt général , tous les eſprits s'éclairer , tous les cœurs s'électriſer , s'enflammer pour le bien : ſi ces Aſſemblées n'ont plus lieu, chacun va retomber dans ſon ancienne indifférence ; l'égoïſme iſolé va reprendre tout ſon aſcendant. Malheur alors à la choſe publique : *Sitôt que quelqu'un dit des affaires de l'Etat , que m'importe ? On doit compter que l'Etat eſt perdu.*

Que quelqu'accident imprévu, que l'interruption des ſubſiſtances, la ceſſation des travaux, la diſparution du numéraire, répande l'allarme dans Paris, le peuple ſe porte en foule à ſes Diſtricts. Il eſt agité , il frémit , il menace. Obſervez que par cela même qu'il eſt diviſé , il eſt moins redoutable. Il trouve enſuite dans ſes Diſtricts de hommes de paix qui le moderent , qui le calment. Otez ces digues , le torrent ne connoît plus de bornes ; il groſſit de moment en moment ; & qui ſait juſqu'où il portera ſes ravages ?

Eclairez le peuple , vous diſoit d'une maniere

niere si touchante, ce Monarque, qui vivra toujours dans le cœur des François (1), *éclairez ce bon peuple sur ses véritables intérêts.*

Et où ce vœu si digne d'un grand **Roi**, peut-il être mieux rempli que dans nos Sections permanentes.

Dévoué à ses Districts, qu'il regarde comme le berceau de sa régénération & le gage de sa liberté, le peuple s'y rend à des heures qui ne dérangent ni ses travaux, ni son commerce. Il s'y repose des fatigues du jour; il s'y instruit en s'amusant. On lui donne connoissance de vos augustes décrets; on lui en développe les vues utiles & sublimes; on lui apprend à les respecter, à les aimer. Il en sort chaque fois plus disposé à l'obéissance, plus disposé à faire tous les sacrifices qu'exigera de lui l'intérêt général.

C'est dans les Districts, que regnent cette égalité, cette fraternité de l'âge d'or, que voudroient ramener vos bienfaisantes loix. Là, point de distinctions ni de rang. Les places sont au premier occupant. Les conditions sont oubliées. Tous y portent la parole; tous s'honorent également du nom de citoyen; c'est le plus beau des titres.

---

(1) Discours du Roi à l'Assemblée Nationale.

B

C'eſt dans les Diſtriſts, que l'eſtime publique a recouvré & exerce tout ſon empire. Son influence ne peut avoir lieu que ſur les hommes raſſemblés : chacun jaloux de l'opinion & de la confiance de ſes ſemblables ſous les yeux deſquels il ſe trouve, craindroit d'y porter une réputation ſuſpecte ; ſa conduite ſera pure, ſes ſentimens ſeront généreux. Quelle force puiſſante pour la régénération des mœurs !

C'eſt dans les Diſtricts, qu'on pourra connoître ceux qui par leur probité & leur capacité, ſont dignes de conduire la choſe publique. Sans ces Aſſemblées périodiques, comment découvrir les hommes, les apprécier, les juger ? La voie d'élection par corporation n'ayant pas lieu, le mérite néceſſairement reſtera ignoré : il faudra donc toujours choiſir au haſard, ou livrer le timon à l'impéritie & à la cabale.

C'eſt dans les Diſtricts, qu'on viendra s'inſtruire, s'initier dans le droit public & ſe former aux grandes places. La nature des matieres, qui s'y traiteront, rappellant fréquemment vos Décrets & la Conſtitution, on aura journellement l'occaſion d'étudier, d'approfondir, de développer les grands principes. Et comme dorénavant les places ne ſeront données qu'à l'intégrité & aux lumieres, qu'elles feront la couronne civique de la vertu ; il naîtra parmi toutes les claffes la plus noble émulation.

C'eſt ainſi, MM., que les Sections feront tout à la fois, des écoles de talens & de droit national, des féminaires de mœurs & de vertus, des pépinieres de grands hommes. Et c'eſt cette inſtitution ſi heureuſe, ſi fage, ſi conforme à vós vues qu'on vous propoſe d'anéantir ! Oui, MM., quand ce régime renfermeroit quelques inconvéniens, il faudroit toujours le conferver ; car où ſe trouvent tant d'avantages, les inconvéniens ne font rien.

La Commune de Paris n'a donc pas pris un engagement téméraire, quand elle s'eſt foumiſe à vous démontrer la néceſſité de la permanence active de ſes Sections.

Mais comment s'exercera cette permanence active? quel en fera l'objet ? C'eſt ce qui nous reſte à examiner.

La Commune de Paris, ne ſe propoſe pas ici de préſenter un plan de Municipalité. Elle ne veut que vous offrir quelques idées ſur les baſes & les objets de la permanence active des Sections, ſur la maniere concordante & harmonique, dont elles peuvent exifter ; & détruire par ce fimple apperçu, tous ces reproches d'indépendance & d'anarchie, qu'on s'eft permis contr'elles.

On peut confidérer les Sections fous trois rapports.

Relativement à la Municipalité,

Relativement aux Sections entr'elles,

Relativement à l'organifation intérieure de chaque Section.

Dans ces trois rapports, vous verrez que la permanence active fe lie parfaitement avec toutes les parties du régime Municipal.

Les Sections n'étant que les parties intégrantes de l'Affemblée générale des Citoyens, conftituent effentiellement la Commune. Il doit donc y avoir entr'elles & la Municipalité, les mêmes rapports qu'il y a entre une Commune & fa Municipalité. Or, qu'eft-ce que la Municipalité ? Ce n'eft point un pouvoir extrinfeque à la Commune, un pouvoir fupérieur à la Commune. C'eft l'exercice délégué d'une partie de fes pouvoirs. C'eft le Corps des Mandataires de la Commune. Les Sections font donc le pouvoir conftituant, & comme il eft de principe que les Mandataires n'ont de fonctions que celles

qui leur font déléguées, & que le pouvoir
conftituant ne peut être forcé d'abandonner à
des Repréfentans, ce qu'il peut & veut exécuter lui-même, il fuit que tout ce que les
Sections collectivement, veulent & peuvent exécuter elles-même, eft de leur compétence, & leur
appartient, exclufivement à la Municipalité.

Des raifons de convenance ont pu faire fléchir
le principe dans les autres Municipalités, mais
quand ces raifons de convenance ne fe trouvent
point dans Paris, quand il en exifte de toutes
contraires, qui demandent l'application du principe, il refte dans toute fa force, & il eft permis
de l'invoquer.

C'eft ainfi que les Villes de la Grèce & nos
Cités Gauloifes exerçoient autrefois elle-mêmes,
dans les Affemblées générales, les pouvoirs qui
leur appartenoient. On ne confioit aux Magif-
trats que la partie exécutive : celle de la Lé-
giflation réfervée à la Cité s'exerçoit fans intermédiaire, fur la place publique.

Il ne s'agit ici que des Pouvoirs Municipaux.
La poffibilité d'exercer ces Pouvoirs par les Sections ne fauroit être mife en problême, puif-
qu'elles les exercent depuis la Révolution. Quand

il a été question d'un Réglement militaire, d'une Organisation provisoire, d'un Parc d'Artillerie,&c. n'a-t-on pas pris le vœu des 60 Sections? La Commune est donc déjà en possession d'exercer les pouvoirs qu'elle réclame. Elle a la preuve acquise qu'elle peut les exercer. On ne doit exiger d'elle la délégation que des parties qu'elle ne peut gérer elle-même.

La Commune à dans ses mains trois pouvoirs.

Pouvoir de disposition,

Pouvoir de Réglement,

Pourvoir d'Administration ;

Le pouvoir de disposition est indiqué & déterminé dans l'article 54 de votre Réglement pour les Municipalités. Il comprend les acquisitions ou aliénations d'immeubles, les emprunts, les impositions pour les dépenses communes, enfin tout ce qui peut altérer ou diminuer le Domaine commun.

Rien n'empêche que les sections ne gardent & n'exercent ce pouvoir. Toutes les fois qu'il s'agira d'une aliénation, d'une imposition extraordinaire, d'un procès à entreprendre, &c. ; les Sections seront convoquées ; elles donneront leur vœu, & la décision résultera de la majorité.

Cette partie du pouvoir commun eſt attribuée dans votre Réglement, au Conſeil général; mais nous avons déjà fait voir l'inſuffiſance & le danger de ce moyen pour la Commune de Paris. On nous permettra de nouvelles réflexions.

Si le pouvoir de diſpoſition eſt confié à un Corps ou Conſeil de Notables, comme tout ce qui tient à ce pouvoir touche de plus près à l'intérêt, c'eſt là que l'avidité portera tous ſes efforts. Or, on conçoit que l'intrigue & la ſéduction trouveront bien plus d'accès & de priſe dans un Corps particulier, que dans la Commune toute entiere. Comment corrompre ſoixante Sections? Si la brigue pénétroit dans une ou deux Sections, comment gagneroit-elle les cinquante-huit autres, qui déliberent au même inſtant ſur le même objet?

Dans les Provinces, les biens communs des villes ſont peu conſidérables, les revenus en ſont bornés, la diſcuſſion en eſt facile. Il eſt aiſé d'en prendre connoiſſance. Le Conſeil général peut donc à cet égard remplir les vues du Réglement municipal.

Mais dans Paris, comment un Conſeil de Notables pourroit-il ſaiſir l'immenſité des détails domaniaux, fuivre le dédale & la complication des affaires, embraffer cette multitude d'objets, qui demande l'étude la plus affidue, & toute l'attention des Adminiftrateurs? Les Notables porteront donc au Confeil général une ignorance entiere fur les opérations qu'ils doivent approuver ou rejetter. L'impreffion des Adminiftrateurs fera reçue fans réaction. On foufcrira aveuglément à toutes leurs demandes. Et le but du Confeil général eft manqué.

Dans les Provinces, le Confeil général & le Corps municipal font furveillés par l'Adminiftration du Diftrict. Ils font encore foumis à la revifion & à la cenfure du Département. Quelle fera dans Paris l'influence du Diftrict & du Département fur la Municipalité? On l'ignore. Mais, il n'eft pas difficile de prévoir qu'elle fe réduira à bien peu de chofe : fi elle n'eft abfolument nulle.

Ainfi, nulle efpece de furveillance fur la Municipalité de Paris, ni de la part des individús, ni de la part du Confeil général, ni de la part des Corps adminiftratifs fupérieurs.

Un autre principe peut encore anéantir le Confeil général. Quel eft-il? C'eft le défaut d'une activité continuelle. Le Confeil général, en effet,

ne fera pas tous les jours affemblé. Il ne fe tien-
dra que lorfqu'il fera convoqué par le Corps municipal : & dès-lors il ne le fera pas fouvent. Or,
nous l'avons déjà obfervé, quand les affaires pu-
bliques ne maîtrifent pas, on fe livre exclufivement à fes propres affaires. On ne regarde plus
celles de la Commune que comme accidentelles
& fecondaires. On fe rend d'abord par devoir
aux Affemblées; on y porte enfuite les diftrac-
tions & l'ennui. On finit par n'y plus aller
Le Confeil général ne feroit plus alors qu'une
Affemblée de pure repréfentation, une ombre
d'Affemblée (1).

---

(1) La Commune de Paris peut citer ici des exemples
qui lui font perfonnels.

Le Prevôt des Marchands, les Echevins, n'étoient-ils
pas autrefois élus & nommés par des Notables? Qu'é-
toit-il refté de cet ufage de l'ancienne liberté ? Un re-
pas où les convives étoient les Notables, où le billet
d'invitation étoit le bulletin d'élection.

Des Confeillers de ville, des Quartiniers, des
Cinquanteniers, des Dixeniers, formoient un Corps
municipal, qui devoit veiller aux intérêts de la Commune, & conferver fes droits ; qu'en étoit-il refté ?
Des charges fans fonctions ; mais vénales, parce
qu'elles étoient le premier degré pour arriver à
l'Echevinage. Une Garde Parifienne avoit été, juf-

Les Sections permanentes, par leur permanence même & leur activité continuelle, font à l'abri de ces inconvéniens. C'eſt-là que la ſurveillance ſera toujours agiſſante, toujours ſoutenue, toujours renouvellée. C'eſt-là qu'on trouvera les lumieres de tous les états & de toutes les profeſſions, & ſur-tout les connoiſſances locales; c'eſt-là que regnera non pas l'eſprit fiſcal qui deſſeche, non pas l'eſprit de corps qui reſſere, mais l'eſprit public qui aggrandit, qui féconde, qui crée; & non pas ce patriotiſme ſimulé qui cache les paſſions, les intérêts particuliers; mais ce patriotiſme pur, qui dicte toujours des déciſions ſûres; qu'on y prenne garde, le peuple ſe trompe rarement ſur ſes propres intérêts. C'eſt-là enfin que tout, juſqu'à l'oiſiveté, juſqu'à l'erreur, tournera au bien commun.

---

qu'à la guerre de la Fronde, une milice reſpectable. Elle devoit maintenir la liberté, défendre les Citoyens dans leurs foyers; qu'en étoit-il reſté? Des titres d'Officiers, qu'achetoient des bourgeois, des brevets de marchands de vin pour les prétendus Soldats.

C'eſt ainſi que tout établiſſement tend à la dégénération, quand il n'a pas une activité toujours exercée & des fonctions toujours impérieuſes.

Il ne peut donc être queſtion d'un Conſeil général dans la ville de Paris. Puiſque les Sections
peuvent en remplir toutes les fonctions, qu'elles peuvent exercer dans ſa plénitude avec plus de ſuccès, le
pouvoir de Diſpoſition, il ne doit y avoir aucun
intermédiaire entre les Sections & le Corps municipal.

Le pouvoir Réglementaire peut ſe conſidérer
par rapport aux objets généraux & par rapport
aux affaires de détail? les Réglemens généraux
ſont ceux qui déterminent primordialement le
régime des différentes parties de l'Adminiſtration
municipale, & la maniere dont elles ſeront exer-
cées.

Rien n'empêche encore que les Sections ne
ſe reſervent cette parrie du pouvoir réglementaire,
puiſqu'elles peuvent l'exercer. On convoquera les
Sections, on leur propoſera les Réglemens; & ils
ſeront reçus ou rejetés ſuivant le vœu de la pluralité.
Quoi de plus naturel que tous concourent à ce
qui doit faire la loi de tous!

La partie de détail, celle de la Police intérieure des Bureaux, les cas particuliers qui demandent une ſolution prompte, ſeront l'appanage
du Corps municipal.

Quant au pouvoir d'Adminiſtration, c'eſt celui qui principalement doit être délégué au Corps municipal, parce que, tout ce qui eſt d'Adminiſtration, demande une exécution rapide & générale, un enſemble dans les opérations comme dans les vues, dont il eſt impoſſible que la multitude ſoit chargée.

Il y a cependant encore dans l'Adminiſtration, des parties qui peuvent être, pour l'exécution de détail, confiées aux ſections : telles ſont, par exemple, dans l'arondiſſement de chaque Section, la Police, la Voirie, & ce qui eſt de la plus grande importance pour bannir à jamais l'arbitraire, le récenſement des biens réels & perſonnels, les déclarations y relatives, pour mettre à portée, ſoit le Département, de former la maſſe de l'impôt général ; ſoit le Corps municipal, d'en faire la diviſion entre les 60 Sections ; ſoit enfin chaque Section, d'en faire, entre tous les citoyens qui la compoſent, la juſte répartition.

Telles peuvent être les fonctions des Sections relativement à la Municipalité.

Le Corps municipal lui-même ſera compoſé de Membres qui feront élus par les Sections, ſuivant le mode & pour le tems preſcrit par le Réglement général des Municipalités.

Il fera divifé en Confeil & en Bureaux. Les Bureaux auront la partie adminiftrative.

Le Confeil municipal aura les fonctions qui lui font départies par le décret général, à l'exception des Réglemens généraux réfervés aux Sections.

Le Confeil municipal fera, en outre, le lien de communication & le point de réunion du Corps municipal & des Sections.

Quand le Corps municipal trouvera convenable quelque Réglement général, le Confeil en fera parvenir le projet aux différentes Sections, pour avoir leurs avis.

Ces avis feront envoyés au Confeil municipal, où s'en fera le récenfement en préfence des Commiffaires des Sections, fuivant la forme prefcrite par le Réglement pour le récenfement des fcrutins.

De même, quand une fection aura quelque vue d'utilité générale à propofer, elle adreffera fon projet au Confeil municipal, pour qu'il foit par lui communiqué aux différentes Sections qui donneront leur vœu.

Le Confeil municipal fera donc le foyer commun des Sections. Elles y puiseront l'impulsion qui doit entretenir l'activité générale. Il sera le dépôt où se rendront les volontés partielles, pour s'y confondre & y prendre le corps & l'unité qui doit faire la loi.

Le Corps municipal sera tenu de fournir à chaque Section, tous les renseignemens qui lui seront demandés.

Les Bureaux rendront leurs comptes difinitifs au Conseil municipal, mais en présence de deux Commissaires de chaque Section, & les comptes imprimés resteront non-seulement au Greffe de la Ville, mais seront envoyés au Comité de chaque Section ; pour que chacun puisse en prendre connoissance & y avoir recours.

Dans cet état de choses, on ne voit ni confusion, ni désordre dans le jeu de la Machine municipale. On n'y remarque, au contraire, qu'une composition sagement ordonnée, qu'une circulation facile du centre à la circonférence, & de la circonférence au centre. Nulle concurrence entre les Sections & le Corps municipal. Les pouvoirs & les fonctions respectifs sont réglés : le pouvoir constituant est tout entier dans les Sections, le pouvoir administratif, tout entier dans le Corps municipal. Le Conseil municipal, quand il n'a point de rapport aux Sections, n'a d'autre emploi que de furveiller les Bureaux & de régler avec eux les détails journaliers de l'Adminiftration ; relativement aux Sections, il eft le point de ralliement & le moyen de correfpondance. Il fera auffi le Corps repréfentatif à qui feront portées toutes les adreffes faites à la Municipalité.

Si nous confidérons, à préfent, les Sections les unes par rapport aux autres, nous y trouverons la même harmonie & la même concorde.

Les Sections ne font que les parties intégrantes de l'Affemblée générale, ce ne font donc pas des touts particuliers & divis. Elles ne peuvent agir que par le mouvement général du Corps entier. Elles ne peuvent avoir que le même objet ; fe diriger que par les mêmes principes ; & fe conduire de la même maniere. Ainfi les divifions de Sections, ne feront pas des divifions de territoire ou de jurifdiction ; ce feront des divifions purement d'ordre & de convention. Ainfi nulle Section ne pourra rien ordonner, rien afficher dans fon arrondiffement qui concerne la Police ou l'Adminiftration générales ; ce foin eft réfervé au Corps Municipal, d'après le vœu de la totalité, ou de la majorité des Sections. Ainsi, quand une Section n'auroit point adopté le Réglement qui lui a été soumis, s'il a le suffrage de la majorité, elle sera obligée de s'y conformer, & son Comité de le faire exécuter dans son sein sans aucune espece de délai.

Dans tous les objets de délibération générale, les Sections seront convoquées le même jour & à la même heure ; le même point sera donc débattu & décidé tout-à-la-fois , par toutes les parties de la Commune. Ce sera, de la maniere la plus parfaite, la volonté générale.

Que trouve-t-on donc ici qui ressemble à l'indépendance & à l'anarchie ? où voit-on ces 60 petites Républiques absolues ? où sont ces mouvemens opposés qui s'entre-choquent & se détruisent ? On n'apperçoit dans chaque Section, qu'une volonté unique & une direction générale. Toutes marchent au même but. Les rouages qui concourent à un effort commun en tournant sur leur axe , ne sont pas des machines particulieres ; ce sont les élémens & les agens de la grande machine.

Reste enfin , l'organisation particuliere de chaque Section. A cet égard , le travail est tout fait. Il est peu de choses à ajouter au régime intérieur que les Sections ont gardé jusqu'ici ; il

(33)

ne s'agira que d'y donner une forme permanente,
& la même pour toutes les Sections.

Le Comité confervera fon double rapport, foit
vis-à-vis du Corps municipal, foit vis-à-vis de
la Section.

Il pourra convoquer l'Affemblée générale de la
Section dans les cas preffans, & ne pourra en re-
fufer la convocation, quand elle fera demandée par
un certain nombre de Citoyens de la Section. Ces
Affemblées tiendront lieu de celles qui font auto-
rifées par le Réglement municipal, où un certain
nombre de Citoyens, ont le droit de fe réunir
paifiblement, & fans armes, pour rédiger des
adreffes & pétitions.

Tous les mois réguliérement, au même jour
& à la même heure, il y aura Affemblée générale de toutes les Sections, où fe traiteront les
àffaires générales, où fe propoferont & difcute-
ront les Réglemens généraux. Ce fera l'Affemblée périodique de la Commune. Et s'il n'y a
pas d'objets généraux, chaque Section pourra
traiter les fujets qu'elle trouvera convenables. Ces
Affemblées réduites de la forte, n'entraîneront
ni dépenfes, ni perte de tems.

Les Sections feront en outre convoquées extraordinairement, toutes les fois que le Corps municipal le jugera convenable.

Lorsqu'une Section enverra une pétition, une adresse au Corps municipal, avec demande de convoquer l'Assemblée générale de la Commune pour y délibérer, elle pourra en même-tems faire parvenir la pétition imprimée aux autres Sections, & en cas de refus du Corps municipal, de convoquer l'Assemblée générale; si le sixieme des Sections appuye la demande, le Corps municipal sera tenu de l'indiquer.

Telles sont les idées générales que la Commune de Paris vous présente, MM., sur le mode & l'objet de la permanence active de ses Sections. Encore une fois elle n'entend point ici donner un plan; mais après avoir démontré la nécessité de la permanence, faire voir que cette permanence peut s'exercer, non-seulement sans qu'il en résulte aucun embarras pour l'Administration , aucun trouble pour l'ordre public, mais au contraire avec les avantages les plus réels , & le plus grand accord dans toutes les parties.

Ces idées, MM., sous vos regards vivifians, se développeront, s'agrandiront & recevront ce degré de perfection qui caracterise toutes vos œuvres. Vous avez été touchés des considérations

,uiſſantes qui néceſſitoient dans Paris l'activité permanente des Sections; vous avez preſſenti vous-
mêmes cette néceſſité dans votre Réglement pour
les Municipalités. Vous ne refuſerez pas à la
Commune de Paris la conſervation d'un régime
auquel elle attache ſa ſûreté & ſa proſpérité. La
permanence active des Sections ſera décrétée; &
par ce Décret ſi digne de votre ſageſſe, vous
éleverez à la Liberté Municipale le monument le
plus ſuperbe & le plus durable. Il repoſera ſur
ſoixante colonnes, contre leſquelles viendront
échouer, & les attaques du Deſpotiſme, & les
efforts plus lents de l'ariſtocratie : on y lira les
noms des Solons de la France, & l'heureuſe ſolution qu'ils auront donnée de ce grand problême :
*Concilier dans l'Adminiſtration, avec l'ordre
& l'harmonie, le vœu, les lumieres, la ſurveillance & le concours de tous.*

BAILLY, Maire.

Signé **MAUGIS**, Préſident ;
  DE BEAUVAIS DE PRÉAUX, Vice-
  Préſident ;
   CORNU, Secrétaire.